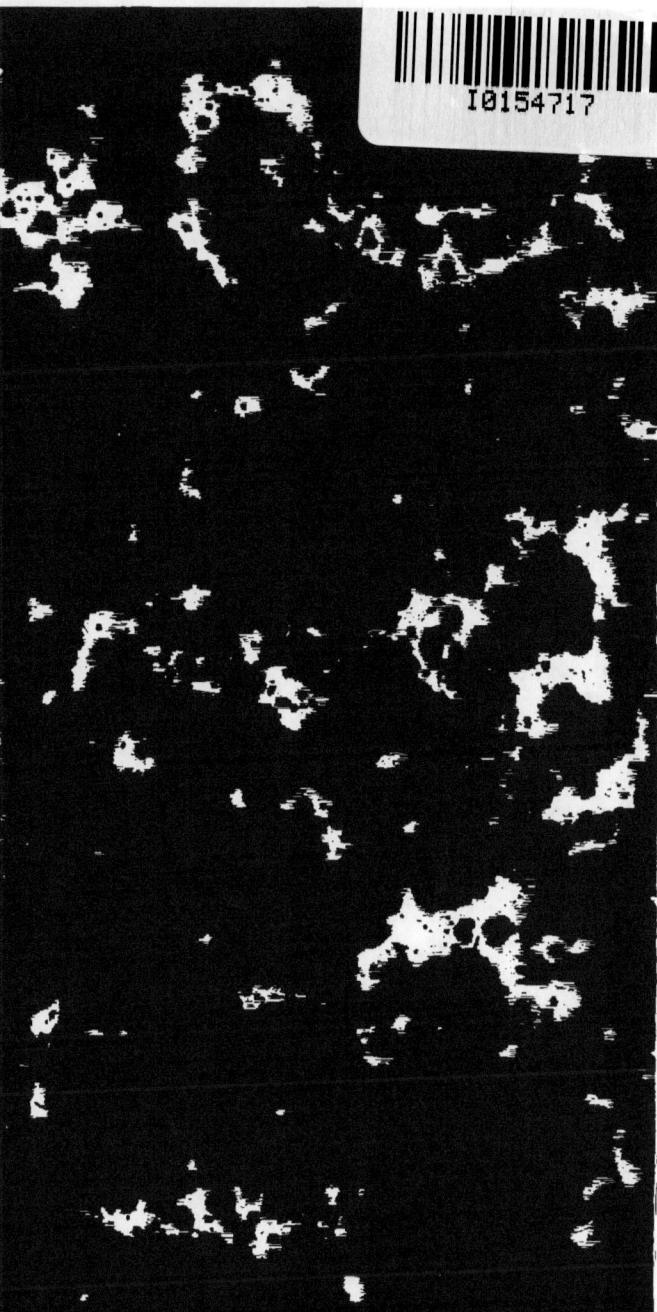

DU DIVORCE

DE

NAPOLÉON BUONAPARTE.

On trouve à la même adresse.

Du Pape et des Jésuites, 2e édition *in*-8.

De l'importance d'une Religion de l'Etat; par M. Taba-
raud, Censeur Royal. 2.e édit. *in*-8.

Correspondance authentique de la cour de Rome avec
la France, depuis l'invasion de l'Etat Romain jusqu'à
l'enlèvement du Souverain Pontife, etc.; *in*-8, caractère philosophie, fig.

Discussion historique sur un point de la vie de Henri IV,
in-8. (Sa Conversion.)

Les Jésuites, tels qu'ils ont été dans l'ordre politique,
religieux et moral, *in*-8.

Fragmens pour servir à l'Histoire Ecclésiastique des premières années du dix-neuvième siècle. Premier vol.
in-8., supérieurement imprimé sur beau papier.

DU DIVORCE

DE

NAPOLÉON BUONAPARTE,

AVEC

JOSÉPHINE, V.ᵛᵉ BEAUHARNAIS,

ET

DE SON MARIAGE AVEC MARIE-LOUISE, ARCHIDUCHESSE
D'AUTRICHE.

A PARIS,

ADRIEN EGRON, IMPRIMEUR
DE SON ALTESSE ROYALE MONSEIGNEUR DUC D'ANGOULÊME,
rue des Noyers, n°. 37.

Août 1815.

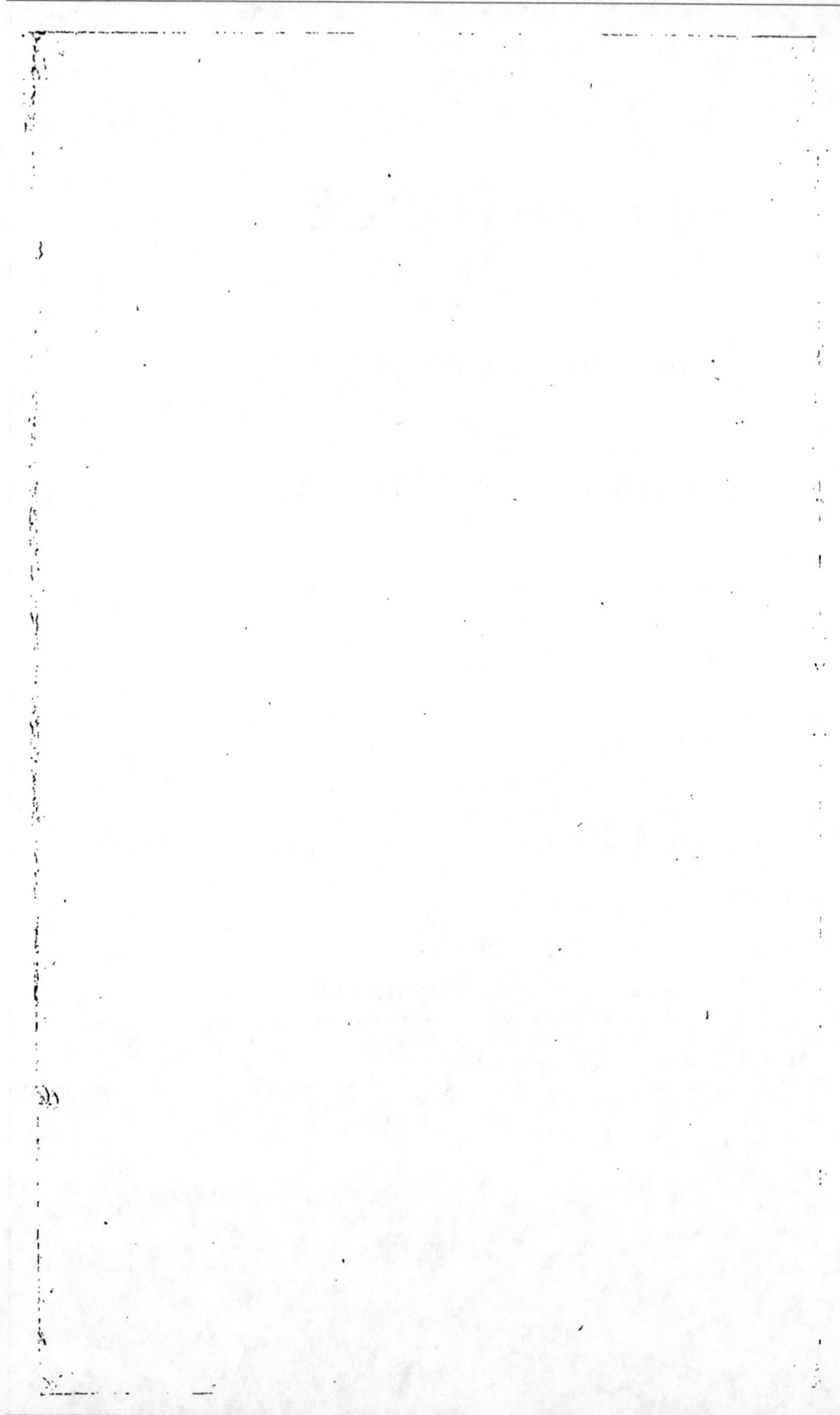

DU DIVORCE

DE

NAPOLÉON BUONAPARTE.

I. Napoléon Buonaparte et Joséphine, veuve Beauharnais, étaient mariés depuis plusieurs années, lorsque des intérêts politiques firent concevoir au premier le projet du divorce dont il est ici question. Les journaux ont annoncé, sans avoir été contredits, que l'acte en forme de leur mariage existe chez un notaire de Paris, dont ils ont indiqué la demeure. Nous n'avons pas été à portée de vérifier ce fait, mais on ne peut douter que le mariage n'eût cette notoriété publique qui suffisait pour le faire regarder comme véritable, et pour lui donner tous les effets civils, d'après les principes que les parlemens avaient adoptés par rapport à ceux des Protestans, avant l'édit de 1787.

1

Lorsque le pape Pie VII vint en France, pour sacrer le nouvel Empereur, il ne voulut y procéder qu'après qu'on eût constaté, à ses yeux, que le mariage de Buonaparte et de Joséphine avait été revêtu du rit sacré qui avait, selon lui, imprimé à cet acte le caractère d'un véritable mariage. Ce fut alors que le cardinal Fesch, grand aumônier de l'Empire, suppléa à cette cérémonie qui manquait à l'union de son neveu et de sa nièce. La chose se passa, dans une chapelle particulière, en présence de MM. Cambacérès et Berthier, qu'on avait appelés pour servir de témoins. L'acte qui en fut dressé, ayant été présenté au Pape, il le reconnut pour valable, et procéda sans difficulté à la cérémonie du sacre des deux époux.

II. Buonaparte ayant mis toute l'Europe à ses pieds, par des victoires qui tiennent du prodige, il voulut couvrir l'obscurité de son extraction par d'illustres alliances, et affermir son usurpation par la naissance d'un héritier direct qui pût perpétuer sa dynastie sur le trône. Son premier mariage ne lui laissant aucun espoir à cet égard, il s'occupa sérieusement d'en faire prononcer la nullité.

L'exécution de ce projet semblait devoir éprouver une grande difficulté à cause du décret du 30 mars 1806, par lequel l'Empereur, en réglant l'état civil des princes de la maison impériale, avait déclaré formellement qu'il ne pouvait être compris dans l'acte constitutionnel qui permettait le divorce à tous les citoyens. Ce décret était ainsi conçu : « Le divorce est in-« terdit aux membres de la maison impériale « de tout sexe et de tout âge. » — « Ils pour-« ront cependant demander la séparation de « corps. » Ce décret, comme on voit, ne laisse subsister aucune cause qui puisse donner lieu à un divorce proprement dit. Cette considération ne l'arrêta point.

Ce fut dans une assemblée de famille, en pré-sence de l'archi-chancelier, et d'une députa-tion du Sénat, que Napoléon annonça son pro-jet, et qu'il en développa les motifs en ces termes : « La politique de ma monarchie, l'in-

« térêt et le besoin de mes peuples, veulent
« qu'après moi je laisse des enfans héritiers de
« mon amour pour mes peuples. Cependant,
« depuis plusieurs années, j'ai perdu l'espoir
« d'en avoir de ma bien-aimée épouse l'impé-
« ratrice Joséphine. C'est ce qui m'a porté à
« vouloir la dissolution de mon mariage. » Joséphine parla dans le même sens et à peu près
dans les mêmes termes.

Le rapport de cette comédie, dont nous
omettons plusieurs circonstances, ayant été fait
au Sénat par l'archi-chancelier, cette compa-
gnie rendit le décret suivant, le 16 décembre
1809 : « Le mariage contracté entre l'empe-
« reur Napoléon et l'impératrice Joséphine est
« dissous. » Ce décret fut rendu sans aucune
discussion : *Omnia animalia dicentia, amen;*
et sans qu'on fît la moindre mention de celui
du 30 mars 1806, dont nous venons de parler.

III. Tout paraissait terminé, et tout devait
l'être, d'après l'esprit et la lettre des lois alors
existantes, qui concentraient dans les tribu-

naux laïcs le jugement des causes matrimonia-
les, et en interdisaient la connaissance aux cours
des officialités, lesquelles étaient censées ne plus
exister. Mais la cour de Vienne, par respect
pour la jurisprudence canonique du concile de
Trente, avait exigé l'intervention de l'autorité
ecclésiastique dans cet acte. Buonaparte n'était
pas fâché lui-même d'imprimer à son divorce
cette forme sacrée aux yeux des peuples, afin
de mettre son futur mariage hors de toute contestation dans l'opinion publique. On eut donc
recours à l'Officialité de Paris, qui procéda dans
cette affaire, d'une manière plus lente et plus
régulière que ne l'avait fait le Sénat. Elle finit
cependant par rendre une sentence absolument conforme au sénatus-consulte.

La nouvelle Constitution française, en ôtant
à la puissance ecclésiastique la connaissance des
affaires contentieuses, avait rendu les Officialités absolument inutiles : mais dans un gouver-
nement où tout est soumis aux volontés arbi-
traires du despote, où tous les établissemens
dépendent de ses caprices et de ses intérêts, il

n'était pas plus difficile à Buonaparte de recréer les Officialités pour les faire condescendre à ses désirs, qu'il ne l'avait été de supprimer le Tribunat, aux premières contradictions que ses volontés y éprouvèrent. Celle de Paris avait d'ailleurs repris l'exercice de ses fonctions, quelques années auparavant, pour casser le premier mariage de Jérôme. Il restait une autre difficulté ; c'était celle de la compétence de ce tribunal, parce que, suivant l'usage moderne, les affaires de cette nature devaient être portées à Rome. L'official demanda que cet incident fût jugé par la commission ecclésiastique qui résidait alors à Paris, ce que cette commission n'eut pas de peine à décider conformément aux désirs de celui qui l'avait établie.

Du reste, l'Officialité n'ayant pas rendu publics les motifs de son jugement, on ne peut pas prononcer avec assurance s'il a été fondé sur des raisons légitimes. On pourrait dire que la présomption doit être en sa faveur ; mais des présomptions de cette nature sont peu capables de faire impression, quand on réfléchit sur l'influence que la partie intéressée avait dans cette affaire. Il faut donc en revenir aux motifs qui provoquèrent le sénatus-consulte. Or de pareils motifs, qui ne sont que de pures convenances, ne sauraient, sous aucun point de vue, rendre le divorce valable, et par conséquent, rendre légitime le second mariage qui en fut la suite.

Nous ne devons pas omettre une circonstance de ce dernier mariage. Lorsqu'il fut question d'en renouveler la célébration en France, plusieurs cardinaux qui n'avaient pas fait difficulté d'assister à la cérémonie civile, refusèrent de paraître à la cérémonie ecclésiastique. La raison de leur conduite fut que, suivant les principes vulgaires, la célébration civile est étrangère au lien qui unit les parties, et que leur union conjugale résulte uniquement de la célébration en face d'église, c'est-à-dire, du sacrement : ils pensaient d'ailleurs que le Pape n'ayant point donné de dispenses pour ce second mariage, ni été consulté pour la rupture du premier, ces deux actes étaient radicalement nuls. Il n'est pas de notre sujet d'expliquer la contradiction de leur conduite en cette occasion, ni de rappeler les vexations qui furent exercées envers eux. La seule chose qui nous intéresse est de faire remarquer que leur absence doit être considérée comme une protestation contre la légitimité du second mariage.

IV. Les faits qu'on vient de rapporter donnent lieu à plusieurs réflexions qui méritent une sérieuse attention, 1.º l'Officialité de Paris avait annulé le mariage de Jérôme, en vertu de la jurisprudence française, qui regarde comme absolument nuls, les mariages des enfans de famille mineurs, contractés au préjudice de l'autorité paternelle, sans égard pour le décret du concile de Trente, qui les déclare valides sous peine d'anathême : elle eut ensuite recours à ce même décret qui condamne les mariages faits hors de la présence du propre curé, pour prononcer la nullité de celui de Napoléon, quoique la présence de ce ministre ne fût point nécessaire, selon les lois sous lesquelles il avait été

contracté. Dans les deux cas, elle s'était pré-
value de l'ordonnance de Blois, expliquée par
tous les théologiens en sens contraire à la jurisprudence française sur le premier article; et
révoquée sur le second par la nouvelle législa-
lation.

2°. A la vérité, il n'existait pas d'acte en
forme de la célébration du mariage en face d'é-
glise, ou du moins en présence du propre curé;
mais le cardinal Fesch, qui, en sa qualité de
grand aumônier, se regardait comme le propre
curé des parties, en avait délivré un certificat
muni du témoignage de deux grands officiers
de la couronne présens à la cérémonie, circonstance qui suffisait pour remplir le but du
décret du Concile de Trente. Le Pape s'en
était contenté, et avait, en conséquence, sacré
les deux époux. D'ailleurs, suivant les nouvelles
lois, le seul acte qui garantisse la validité d'un
mariage, est celui de l'officier public qui a reçu
le consentement des parties; et non celui du
curé qui ne peut qu'attester la célébration en
face d'église, cérémonie absolument étrangère

à l'essence du contrat matrimonial, puisque
les anciennes lois ne faisaient pas de son omis-
sion une clause irritante, lorsque les autres formalités avaient été remplies. Du reste, si l'on
veut juger ce mariage d'après la doctrine la plus
commune parmi les théologiens, surtout parmi
les anciens docteurs de l'école qui enseignent
que ce sont les contractans eux-mêmes qui se
confèrent réciproquement le sacrement, en
prononçant les paroles par lesquelles ils se pren-
nent mutuellement pour mari et pour femme,
on ne saurait en contester la validité, puisque,
selon cette opinion, on doit supposer que le
mariage dont il s'agit, avait reçu le sceau de
l'indissolubilité. Ainsi, sous quelque point de
vue qu'on le considère, on devait le regarder
comme absolument indissoluble, d'après toutes
les lois, soit anciennes, soit nouvelles. Aussi,
Napoléon n'allégua-t-il, pour faire prononcer
la sentence de divorce par le Sénat, aucune
des raisons sur lesquelles l'Officialité de Paris
est censée avoir rendu la sienne.

3°. Ce fut par respect pour les scrupules de

la cour de Vienne, et par égard pour l'opinion
du peuple imbu des idées communes sur la
nature du mariage, et sur les effets du sacrement, que l'on voulut bien donner une forme
religieuse à la séparation de Napoléon et de
Joséphine; car, en parlant des nouvelles lois,
et en s'attachant aux vrais principes sur cette
matière, c'était uniquement à l'autorité civile
qu'il convenait de décider la question, et elle
fut réellement décidée non par la sentence de
l'Officialité, dont le pouvoir se terminait au
sacrement, mais par le décret du Sénat, qui
statua sur le mariage même : or, ce décret mo-
tivé sur de simples raisons de convenance,
délia-t-il réellement les deux époux de leurs
sermens, et leur donna-t-il le droit de contracter de nouveaux liens, chacun de leur
côté? non, certes. D'abord, parce qu'il existait un décret constitutionnel qui défendait le
divorce dans la famille impériale, et que ce
décret aurait dû être constitutionnellement
aboli, avant de rendre le sénatus-consulte qui
annulle le mariage dont est question; ensuite,

parce que le divorce est textuellement condamné par la loi évangélique, à laquelle aucune autorité humaine ne peut déroger. On
chercherait en vain à se prévaloir de l'exception que les Grecs ont cru trouver dans le pré-
cepte de Jésus-Christ, pour le cas d'adultère,
puisque ce cas ne fut point allégué, qu'il fut
même écarté dans toutes les circonstances qui
précédèrent et provoquèrent le sénatus-consulte.

4°. On s'est prévalu, pour justifier le divorce, du défaut de consentement de la mère
de Buonaparte à son premier mariage ; mais elle
n'a jamais fait aucun acte d'où l'on puisse conclure qu'elle s'y soit opposée ; et la conduite
qu'elle a tenue dans le cours de l'union de son
fils avec Joséphine de Beauharnais, suffirait seule
pour prouver qu'il ne s'est point fait sans son
consentement , ou du moins qu'elle l'a ratifié ,
et mis, par là, au-dessus de toute contradiction. D'ailleurs, Buonaparte était majeur lorsqu'il fit réhabiliter son mariage par le cardinal
Fesch , à la réquisition du Pape. Sa mère, loin

d'y former la moindre opposition, l'approuva
par le rôle qu'elle joua dans tout ce qui pré-
céda, accompagna et suivit cet acte solennel.

V. Il existe une opinion assez généralement
répandue sur la substitution d'un enfant, fils
de Buonaparte, à celui que l'infortunée Marie-
Louise avait mis au jour, parce qu'on suppose
que ce dernier étant une fille, il ne remplissait
pas les vues d'ambition que l'usurpateur s'était
proposées dans son mariage. Tout est croyable
de la part de l'auteur de tant d'autres crimes ;
mais ce fait est encore enveloppé dans l'ombre
du mystère, et nous n'avons pas besoin d'y
pénétrer pour prouver l'illégitimité du prétendu
roi de Rome. Il nous suffit d'avoir démontré
que, sous quelque point de vue que l'on considère le divorce de Napoléon et de Joséphine,
il n'a pas pû les dégager du nœud qui les unis-
sait, et autoriser le premier à contracter un second mariage.

Concluons, en dernière analyse, de toute
cette discussion, que l'enfant né, ou qu'on sup-

pose être né de ce second mariage, n'a aucun
droit au titre d'enfant légitime, et qu'il doit
être réputé *bâtard*. C'est sans doute sous ce
rapport que la cour de Vienne, mieux ins-
truite, l'a considéré, puisqu'elle l'a privé de
toutes prétentions à la succession de l'archiduchesse Marie-Louise.

Quand on réfléchit sérieusement sur toute
cette affaire, si comique dans son principe, si
scandaleuse dans ses résultats, on doit être
étrangement étonné de la conduite de tous les
personnages qui figurent à toutes les époques
de cet événement. C'est un cardinal qui, par
complaisance, donne la bénédiction nuptiale,
et croit administrer un sacrement à des personnes qu'on suppose avoir toujours vécu jus-
que-là dans un concubinage public; c'est un
vénérable pontife qui, sur un acte informe de
cette célébration, ou sur le simple témoignage
des parties intéressées, dépose tout à coup les
doutes fondés qu'il avait sur la validité de leur
union précédente, et qui les croit légitimement
unis, en vertu d'un acte qui semble n'offrir

qu'une nouvelle scène de cette singulière comédie; c'est l'Officialité d'une grande église qui,
d'après des raisons très-équivoques, rend une
sentence absolue de nullité, dans une affaire
où sa compétence est contestée, et qui n'allègue
aucun empêchement, d'après lequel le mariage
aurait été non valablement contracté, quoique
l'inconvenance des motifs sur lesquels était in-
tervenu le décret de divorce, prononcé par le
Sénat, lui fît un devoir de les rendre publics;
c'est l'archevêque d'une grande capitale réputé
pieux et savant, qui, sur la foi d'une pareille
sentence, ne fait point de difficulté d'administrer le sacrement de mariage à un homme que
la commune opinion regarde comme lié par un
premier mariage encore subsistant; enfin, ce
sont des cardinaux qui, après avoir assisté,
sans scrupule, au mariage subséquent d'une
des parties, refusent de paraître à la cérémonie
religieuse destinée à le bénir, sous prétexte
qu'il n'y a point eu de dispense accordée par le
Souverain Pontife, comme si les dispenses de-

vaient tomber sur le sacrement, et non sur le contrat qui forme l'union.

VI. M. de Lacépède, plus habile dans l'histoire des reptiles que dans celles de la morale et de la religion, entreprit de justifier, devant le Sénat, le divorce de Napoléon par ceux de Charlemagne, de Philippe-Auguste, de Louis XII et d'Henri IV. Il ne nous sera pas difficile de mettre en défaut l'érudition du grave sénateur, et de prouver que ces quatre exemples ne sauraient s'appliquer au divorce qui fait l'objet de cette dissertation. Nous commencerons par celui de Charlemagne.

VII. Didier, roi des Lombards, avait envahi les terres du Saint-Siège : Etienne III, implora le secours de Charlemagne et de Carloman, pour se le faire restituer. Didier chercha à les en détourner en proposant le mariage de sa fille avec l'un des deux princes, quoiqu'ils fussent déjà mariés l'un et l'autre. Le pape, alarmé de ce projet, leur écrivit pour le traverser. Il leur représenta d'abord qu'il ne leur était pas permis de répudier les femmes de leur propre nation, qu'ils avaient épousées à l'exemple de leurs ancêtres, pour s'unir à des étrangères. Il ajoutait ensuite qu'ils se rendraient coupables d'un grand crime, s'ils épousaient d'autres femmes du vivant de celles avec lesquelles ils étaient déjà mariés, disant qu'il n'y avait que les païens qui en usassent de la sorte. « Que Dieu, leur disait-il, vous préserve d'un pareil crime, vous qui êtes de parfaits chrétiens. Souvenez-vous que le seigneur Etienne, notre prédécesseur, conjura votre père de ne pas répudier votre mère, et que ce prince, comme un roi très-chrétien, obéit à ses salutaires avis. Toute cette exhortation était suivie de la menace d'anathématiser et d'excommunier les deux princes s'ils entreprenaient de passer outre (1).

_____

(1) Impium est... alias accipere uxores super eas quas primitus vos certum est accepisse. Non vobis convenit tale peragere nefas, qui legem dei tenetis, et alios

Nous n'insisterons pas sur la première raison
alléguée par le pape, pour détourner les deux
frères Carloman et Charlemagne d'entrer dans
le projet de Didier, parce qu'elle n'est tirée que
d'un usage dont on pouvait s'affranchir sans
enfreindre la loi divine. Mais la dernière qui
est fondée sur la loi même de l'institution du
mariage, rétablie dans toute son intégrité par
le sauveur du monde, mérite la plus grande
considération. Elle prouve qu'à cette époque,
c'est-à-dire qu'à la fin du huitième siècle, le
principe de l'indissolubilité du lien conjugal existait dans toute sa force, et qu'on n'avait pas en-

---

ne talia agant corripitis : hæc quippe paganæ gentes fa-
ciunt. Nam absit hoc a vobis qui perfecti estis christiani...
Mementote quod prædecessor noster D. Stephanus geni-
torem vestrum obtestatus est, ut nequaquam præsu-
meret dimittere dominam et genitricem vestram, et ipse
sicut revera christianissimus rex, ejus salutiferis obtem-
peravit monitis... Si quis contra hujusmodi adjurationis
atque exhortationis seriem agere præsumpserit, sciat se
autoritate B. Petri anathematis vinculo esse innodatum et
a regno dei alienum, etc. *Tom. VI, concil. col.* 1718.

core imaginé qu'il pût être violé pour des raisons de politique, quelque importantes qu'on les
suppose.

Cependant, les intérêts de la politique l'em-
portèrent sur les prières et les menaces du pape.
La reine-mère, Bertrade, voyant avec inquié-
tude que le roi des Lombards animait secrète-
ment Carloman contre son frère, au sujet du
partage de leurs états, afin de le porter à se dé-
dommager, par la voie des armes, du tort qui
lui avait été fait dans ce partage, chercha à dé-
tacher Didier des intérêts de Carloman, en fai-
sant épouser à Charlemagne la fille du roi des
Lombards. Ce dernier prince avait néanmoins
des inquiétudes sur le mariage projeté, parce
qu'il savait que sa fille n'était pas du goût de
Charles, et qu'il craignait que les infirmités dont
elle était affligée, ne la fissent ensuite répudier.
Mais Bertrade triompha de toutes ces difficul-
tés, en lui promettant que les plus grands seigneurs de la cour s'engageraient par serment
à la garantie de la répudiation qu'il appréhen-
dait.

Le mariage eut donc lieu en présence des grands seigneurs qui protestèrent effective-ment, par un serment solennel, que Charle-magne n'aurait jamais d'autre femme qu'Her-mengarde tant qu'elle vivrait, quoique ce prince ne parût l'épouser que par pure politique. Au bout de quelques mois les infirmités de la prin-cesse, la mettant dans la nécessité de garder le lit, elle devint insupportable à son époux, qui, malgré les remontrances de sa mère Bertrade, et de son cousin Adelard, finit par la répudier et la renvoyer en Lombardie. Le moine de Saint-Gall dit, qu'il suivit en cela l'avis des plus grands évèques de ses états, dont la décision fut moti-vée sur les infirmités de la princesse qui la ren-daient inhabile à avoir des enfants, et qu'ils l'autorisèrent en conséquence à épouser Hilde-garde (1).

VIII. Cette histoire nous présente deux di-

(1) Hildegardam in matrimonium accipit judicio sanc-tissimorum sacerdotum.... quia erat clinia et ad propa-gandam prolem inhabilis. *Lib. II, cap.* 26.

vorces de Charlemagne, l'un avec Himiltrude,
qui fut suivi du mariage de ce prince avec Hermengarde; l'autre, avec cette dernière princesse, pour épouser Hildegarde. Le premier fut
inspiré par la politique et formellement condamné par le pape Etienne III, en vertu de la
loi divine sur l'absolue indissolubilité du lien
conjugal. Ainsi, cet exemple, loin de justifier
le divorce de Napoléon avec Josephine, lui est
entièrement contraire. Le second était fondé
sur les infirmités de la femme qui ne lui per-
mettaient pas de rendre le devoir conjugal.
C'était là un empêchement d'une nouvelle es-
pèce, récemment imaginé par Grégoire II, qui
s'était écarté en ce point de la doctrine de toute
l'antiquité.

Ce pape, consulté en 726, par saint Boni-
face, archevêque de Mayence, pour savoir
quelle conduite devait tenir un mari dont la
femme était atteinte d'une infirmité qui ne lui
permettait pas de rendre le devoir conjugal, répondit qu'il serait à souhaiter que ce mari pût
garder la continence, mais que comme cela

supposait une très-grande perfection, il lui était
permis de se marier, s'il ne pouvait point garder la continence (1).

Saint Augustin avait une bien autre idée de
l'indissolubilité du mariage. Il pose le même cas,
et le résout d'une manière toute différente.
Après avoir déclaré, qu'une femme séparée de
son mari adultère, ou un mari séparé de sa
femme adultère, sont absolument obligés de
demeurer dans l'état de continence, sans avoir
la liberté de former de nouveaux liens, il ajoute :
« Ce que je dis ici, je le dirais à un mari
« dont la femme serait devenue incapable du
« devoir conjugal, par une maladie évidem-
« ment incurable : je le dirais encore à un mari
« dont la femme serait enfermée dans un lieu

---

(1) Quod proposuisti, si mulier infirmitate correpta
non valuerit debitum viro reddere, quid ejus faciet ju-
galis? Bonum esset si sic permaneret, ut abstinentiæ va-
caret; sed quia hoc magnorum est, ille qui se non po-
terit continere, nubat magis. *Tom. VI, conc. col.*
1448.

« à lui inaccessible, etc. (1) ». Dans tous ces
cas, il fait de la conduite qu'il prescrit un devoir
qu'on ne peut enfreindre, sous peine de se rendre coupable d'adultère. C'est un principe cons-
tant dans la doctrine du saint docteur que le mariage est absolument indissoluble, qu'il ne peut
être dissous que par la mort d'un des conjoints ;
que quoique on ne se marie que pour avoir des
enfans, il n'est jamais permis à un homme, qui
aurait une femme stérile, de la quitter pour en
épouser une autre, dont la fécondité lui don-
nerait un espoir fondé d'attendre la principale
fin du mariage, qui est d'avoir des enfans (2).

Le principe établi par saint Augustin sur l'in-

_____

(1) Ad hoc exhortarer, etiam si uxor esset in languore
insanabili, atque diuturno ; etiam si alicubi esset corpore
separata, quò maritus non posset accedere. *Lib. II, ad
Pollent, cap. XIII, n° 13, et cap. X, n° 9, tom. VI,
col.* 412-409.

(2) Ut, cum filiorum procreandorum causâ, vel nu-
bant feminæ, vel ducantur uxores, nec sterilem conju-
gem fas sit relinquere, ut alia fecunda ducatur. *Lib: I,
de nup. et concup. cap. X, n°.* 11 *, tom. X, col.* 285.

dissolubilité absolue du lieu conjugal, et l'application qu'il en fait aux divers cas que l'on pouvait alléguer, pour y apporter des exceptions, sont une suite nécessaire de la loi de l'institution du mariage, renouvelée par Jésus-Christ : *quod deus conjunxit, homo non separet.* La décision de Grégoire II est le fruit de l'ignorance qu'avait produite l'inondation des Barbares en Occident. Avec la chute des bonnes études, la lumière, qui avait éclairé les premiers siècles, s'était affaiblie ; de là le relâchement de tous les liens de la société religieuse, civile et politique; car il est à remarquer que Grégoire II fut aussi un des premiers Papes qui méconnurent l'indissolubilité du lien qui attachait les sujets à leur souverain légitime (1).

L'abbé Fleury reconnaît que la décision de ce pape, prise à la rigueur, serait contraire à l'évangile et à saint Paul : mais il cherche à l'excuser en disant qu'on doit la regarder comme

_____

(1) Fleuri, *IIIme Discours*, n° 12. — Baillet, *Vie de Grég. II*, 13 *fév.*

une condescendance pour les Germains nou-
vellement convertis (1), comme si une telle
condescendance pouvait jamais avoir lieu, au
préjudice de la loi divine. Aussi, Van Espen
prouve-t-il que ce n'est point ici un décret de
circonstance; que par la forme dont la question
et la réponse sont conçues, on ne peut s'empêcher de prendre la décision comme un principe généralement adopté et enseigné par Grégoire II (2). Gratien, lui-même, qui a inséré
cette réponse dans sa collection, ne peut s'empêcher, malgré son respect pour les papes, de
convenir qu'elle est diamétralement contraire
aux saints canons, à la doctrine évangélique et
apostolique. L'auteur de la glose ajoute que ce
Pape a mal parlé (3). Tous les anciens canonistes
et théologiens s'en sont expliqués de la même
manière.

---

(1) *Lib. XLI. §. 47.* — (2) *Jus ecclesiast. univers.
Tom. III, page 663.*

(3) Illud Gregorii sacris canonibus, imò evangelicæ et
apostolicæ doctrinæ penitus invenitur adversum. *Caus.
XXXII, can.* 18, *not.*

Cette réponse offre donc une décision absolument isolée, qui ne saurait par conséquent faire la moindre autorité. On ne voit pas effectivement qu'elle ait été adoptée ni par les évêques ni par les papes. Etienne II ayant été consulté vingt-huit ans après dans l'assemblée de Crecy, pour savoir si l'un des deux époux étant hors d'état de rendre le devoir conjugal, l'autre acquierrait par là le droit de se séparer et de former un nouveau mariage, répondit négativement, non seulement pour le cas particulier qui était l'objet de la consultation, mais encore pour toute autre infirmité quelconque ; car pour la lèpre et le maléfice, qui étaient alors deux grandes causes de séparation, il n'en permet qu'une temporaire, puisqu'il ordonne aux époux de se réunir lorsque cette cause aura cessé (1).

---

(1) ... Non licéat eos separare, nec pro alia infirmitate, excepto si dæmonii infirmitas, aut lepræ macula supervenerit : ceterùm si ab his duabus infirmitatibus liberi fuerint invicem conjuncti unus alteri servitium exhibeat. *Tom. VI, conc. col.* 1650.

Cependant l'erreur de Grégoire II eut des suites fâcheuses, comme on le voit par les réglemens de quelques conciles, où l'indissolubilité du lien conjugal paraît avoir été peu respectée. Tel est entr'autres celui du concile de Verberie en 752, qui décida qu'une femme dont le mari n'aurait jamais habité avec elle, pourrait en être séparée pour se remarier si elle le jugeait à propos (1). Tel est encore celui du concile de Compiègne en 757, où la lèpre fut regardée comme une cause légitime de divorce, avec permission à la partie saine de contracter un nouveau mariage, du consentement de la partie malade (2).

IX. Nous ferons observer que dans la déci-

---

(1) Si qua mulier se reclamaverit, quod vir suus nunquam cum ea mansisset, exeant inde ad crucem, et si verum fuerit separentur, et illa faciat quod vult. *Ibid. col.*, 1659.

(2) Si vir leprosus mulierem habeat sanam, si vult ei donare commeatum ut accipiat virum, ipsa femina si vul accipiat. Similiter et vir. *Ibid. col.*, 1697.

sion de Grégoire II , il s'agit d'une impuissance survenue depuis le mariage , d'une infirmité dont la femme serait atteinte , et qui l'empê- cherait de rendre le devoir conjugal , même après qu'elle serait devenue mère ; car cette décision est générale dans le cas exposé , et elle n'admet aucune exception, aucune restriction. En cela, elle diffère des lois canoniques et ci- viles qui admirent depuis le divorce pour cause d'impuissance antérieure au mariage seule- ment , en quoi elles rendirent hommage à l'in- dissolubilité du lien conjugal , puisqu'elles ne firent que le déclarer nul dans son principe , comme ayant été contracté entre personnes inhables à le faire. On peut même regarder ces lois qui intervinrent peu de temps après la dé- crétale de Grégoire II , comme une simple mo- dification de la décision de ce pape.

Quoi qu'il en soit, il est certain que la déci- sion de Grégoire II fut le principe d'un affai- blissement sensible dans la doctrine de l'anti- quité sur l'indissolubilité du lien conjugal ; et qu'elle put être la cause de l'avis des évêques,

qui, au rapport du moine de St.-Gall, opi-
nèrent en faveur du divorce de Charlemagne
avec Hermengarde, et de son mariage subséquent avec Hildegarde. Mais comme cette décision n'avait pas eu d'exemples dans les siècles
antérieurs, et qu'elle ne fut point suivie,
qu'elle fut même contredite par les successeurs
de ce pape, on ne saurait en tirer aucune conséquence en faveur du divorce pour quelque
cause que ce puisse être. L'exemple de Charlemagne ne prouve donc rien en faveur de celui
de Napoléon.

Le père Lecointe prétend que Charlemagne,
après avoir répudié la fille du roi des Lombards, reprit sa première femme Himiltrude,
et qu'il la garda jusqu'à la mort de cette princesse, arrivée en 773. Il suppose que le pape, à
force de lettres et de remontrances qu'il adressa
à ce prince et aux évêques de ses états, par-
vint à délivrer la famille royale du scandale
que produisait un tel adultère, et que la fille
du roi des Lombards ne fut point renvoyée à
raison de ses infirmités; mais à cause de l'illé-

gitimité de son union regardée comme un vrai
scandale (1). Cette explication résoudrait parfaitement la difficulté, si elle était autorisée par
les monumens historiques. Mais malheureuse-
ment, le savant auteur se trouve en contradiction sur ce fait avec tous les anciens historiens qui font épouser à Charlemagne la princesse Hildegarde, aussitôt après son divorce
avec Hermengarde.

D'autres auteurs ont imaginé un autre ex-
pédient pour justifier la conduite de Charlemagne en cette occasion, en s'appuyant des
différentes lois de ce prince, destinées à main-
tenir l'indissolubilité du lien conjugal. Ils di-
sent en conséquence qu'Himiltrude n'avait été
qu'une concubine, et que le mariage de ce
prince avec Hermengarde, ayant été cassé par
un tribunal compétent, sur le motif d'un empêchement dirimant, il avait pu légitimement
en contracter un nouveau avec Hildegarde.

Il est bien vrai que quelques historiens par-

_____

(1) *Annal. Ecclesiast. Francor. an.* 771.

lent de la première de ces femmes comme d'une simple concubine. Mais nous avons à leur opposer l'autorité du pape Etienne III, auteur grave et contemporain, qui devait être très-au-fait de toute cette affaire, et qui doit l'emporter sur celle de simples chroniqueurs, lesquels ne sont pas d'accord entr'eux sur ce point d'histoire. Or, ce pape nous représente l'union de Charlemagne avec Himiltrude, comme un vrai mariage, conforme aux lois divines et humaines, fait sous l'empire de l'autorité paternelle, et revêtu des mêmes formalités que celui de Carloman dont la légitimité n'a jamais été contestée. Nous avons vu également qu'il partait de l'indissolubilité de cette union, pour lui représenter qu'il ne pouvait en contracter une nouvelle, du vivant de cette première épouse, sans violer la loi divine sur l'indissolubilité du mariage. (1)

Qu'on ne nous oppose point le silence d'E-

---

(1) Etenim jam dei voluntate et consilio, conjugio legitimo, et præceptione genitoris vestri copulati estis. *Concil. Ubi supra.*

tienne III , sur les nouveaux liens qu'il forma
avec Hermengarde , quoiqu'il l'eût menacé de
l'excommunier, s'il s'y engageait. On conçoit que
le besoin qu'avait le pape de la protection d'un
aussi grand prince contre le roi des Lombards ,
dut le porter à ce ménagement.

Il résulte de toute cette discussion , que
l'exemple des deux divorces de Charlemagne
est plus propre à condamner celui de Napoléon,
qu'à le justifier ; parce que le premier fut une
infraction manifeste à la loi divine qui lui avait été
formellement signifiée par le pape Etienne III ;
ensuite , parce que l'assentiment vrai ou prétendu donné au second par les évêques , doit
être considéré comme une suite naturelle de la
décision erronée de Grégoire II , et de deux
conciles du temps, dont le dernier , suivant la
remarque du père Daniel , avait donné l'exemple d'une morale fort relâchée sur un point
très-important. Voyons si l'exemple de Philippe-Auguste a été mieux choisi.

X. Ce prince , après la mort d'Isabelle de

Hainaut, sa première femme, épousa solennellement, à Arras, Ingeburge, sœur de Canut III, roi de Danemark, et la fit couronner le lendemain du mariage. Pendant la cérémonie, on aperçut sur son visage une pâleur subite et extraordinaire, accompagnée d'un frémissement très-sensible dans tout son corps. Dès ce moment, il sentit pour sa nouvelle épouse un dégoût et une aversion qui s'accrurent par les efforts qu'il fit pour les vaincre. Comme c'était une princesse dont la beauté égalait la vertu, le peuple chercha la cause de cette extrême et soudaine répugnance dans quelque maléfice ou sortilége; mais les hommes élevés au-dessus des préjugés vulgaires, conjecturèrent que Philippe avait découvert dans Ingeburge, la première nuit du mariage, quelque défaut ou vice caché propre à l'en dégoûter : cependant ils vécurent quelque temps ensemble comme mari et femme. La princesse soutint constamment depuis, que le mariage avait été consommé. Philippe n'en convenait

3

pas ; mais ce ne fut qu'au bout de trois mois qu'il songea sérieusement à faire casser son mariage, en alléguant qu'elle était sa parente dans un degré prohibé, par Isabelle de Hainaut, sa première femme. Ce n'était là évidemment qu'un prétexte pour colorer son divorce ; car, en supposant cette parenté bien constatée, elle n'aurait été qu'au quatrième ou cinquième degré, ce qui ne pouvait former un empêchement dirimant.

Cette affaire ayant été portée au Parlement de Compiègne, composé des prélats et des barons du royaume, la sentence de divorce y fut prononcée en présence des parties. Ingeburge en appela au Pape. Le roi de Danemark prit fait et cause pour sa sœur, et en fit des plaintes très-vives à Célestin III. Le Pontife envoya deux légats en France, pour examiner cette affaire. Ils convoquèrent à Paris un Concile nombreux d'évêques et d'abbés. Ces prélats, dit Rigord, semblables à des chiens muets qui ne peuvent aboyer, et craignant pour leur

peau, n'osèrent juger selon leur conscience (1).
En conséquence, ils confirmèrent la sentence
rendue au Parlement de Compiègne.

Célestin, mécontent de ce jugement, trouva
qu'on avait procédé avec trop de précipitation,
sans avoir pris le temps de lui communiquer les
informations et d'attendre son avis. Il annulla
donc la sentence du Concile de Paris, et il envoya un nouveau légat, d'abord pour engager
le roi à reprendre Ingeburge; puis, dans le cas
où il songerait à se remarier, pour lui signifier
la défense de le faire du vivant de cette princesse (2). Philippe ne tint aucun compte ni des

---

(1) Sed quia facti sunt canes muti non valentes la-
trare, timentes etiam pelli suæ, nihil ad perfectum de-
duxerunt. *Rigord. ad an.* 1193.

(2) Illam divortii sententiam contra juris ordinem pro-
latam, de fratrum nostrorum concilio penitùs irritantes,
fraternitati tuæ, per apostolica scripta mandamus et fir-
miter præcipimus, quatenùs si prædictus rex, istâ vivente,
aliam superducere voluerit, vos, autoritate apostolicâ,
id eidem inhibere curetis. *Epist. ad arch. senon.; tom.* X,
conc. col. 1778.

représentations, ni de la défense du Pape, et
il épousa Agnès ou Marie, fille du duc de Méranie. On a reproché à Célestin de n'avoir pas
soutenu sa première démarche, et d'avoir gardé
le silence sur ce nouveau mariage (1). Peut-être
aurait-on pu reprocher, avec encore plus de
fondement, à Innocent III, son successeur,
d'avoir donné dans une extrémité opposée.

XI. Ce dernier Pape commença par écrire
directement à Philippe. Il chargea l'évêque de
Paris de lui faire les remontrances convenables
pour qu'il se séparât de la princesse de Méranie, et qu'il reprît la reine Ingeburge, sauf ensuite à faire discuter le fond de l'affaire par des
juges compétens. Ces démarches n'ayant eu
aucun succès, il envoya le cardinal de Capone
avec la qualité de légat, pour lui renouveler les
mêmes représentations, sous peine de voir son
royaume frappé d'un interdit général. Ces représentations n'eurent pas plus d'effet que les

_____

(1) *Gesta Innoc. III*, n° 5o.

précédentes; alors le légat convoqua un Concile à Dijon, où l'interdit fut décidé; mais il ne fut lancé qu'au Concile de Vienne, tenu peu après, nonobstant l'appel interjeté au Saint-Siége, par les commissaires du roi. Philippe fit éclater sa vengeance contre tous ceux qui s'y soumirent, en dépouillant le clergé de ses biens, et en accablant le peuple de taxes et d'impôts. Mais ces mesures violentes ne ramenant pas les esprits, il fut effrayé des suites de l'anathème, et eut enfin recours à Rome, pour demander la révision de l'affaire, en promettant de se soumettre au jugement qui en serait porté.

Innocent III nomma deux nouveaux légats. Le cardinal Octavien étant arrivé avant le cardinal de Saint-Paul, son collègue, assembla un Concile à Nivelle, dans lequel le roi et la reine comparurent. Philippe y consentit à reprendre Ingeburge, avec promesse de ne s'en plus séparer, jusqu'à ce que l'Eglise eût prononcé sur le fond du procès. A ces conditions, l'interdit, qui durait depuis huit mois, fut levé; mais Philippe ne cohabita point avec Ingeburge. Il

la traita en reine, et non en épouse. Le légat
lui donna un délai de six mois, pour faire les
preuves sur lesquelles il poursuivait le divorce,
et pour laisser le temps au roi de Danemark
d'envoyer des ambassadeurs et des gens de loi
qui devaient être chargés de défendre sa sœur.

Dès l'ouverture du Concile de Soissons, où
cette grande affaire devait être définitivement
terminée, les envoyés de Danemark récusèrent
le cardinal Octavien, comme parent du roi
Philippe. Ils interjetèrent appel au Saint-Siége,
et se retirèrent brusquement, sans égard pour
les représentations du légat, qui les pressa d'attendre la prochaine arrivée du cardinal de Saint-
Paul, lequel ne pouvait leur être suspect de
partialité. Cet incident empêcha le Concile de
continuer ses opérations. Après une plaidoirie
contradictoire qui dura quinze jours, le cardinal de Saint-Paul se disposait à prononcer contre le divorce, lorsque Philippe partit tout à
coup de Soissons, emmenant Ingeburge en
croupe avec lui, et il fit signifier au Concile,
par ses commissaires, qu'il la reconnaissait pour

sa femme légitime, en protestant qu'il ne voulait plus s'en séparer; de sorte qu'il n'y eut point
de sentence rendue.

C'est ainsi que les historiens du temps rap-
portent toute cette histoire, à peu de différence
près. On fera seulement observer que Rigord
attribue le départ du roi à l'ennui que lui cau-
sait la longueur des procédures (1), et Roger de
Howeden, à l'avis qu'il reçut, que le cardinal
de Saint-Paul était décidé à prononcer contre
le divorce (2).

Quoi qu'il en soit de cette diversité de circonstances, il est certain que la princesse de
Méranie, se voyant traitée comme concubine,
se retira de la cour, et mourut quelque temps

---

(1) Rex longâ môra tædio affectus, relictis ibi cardi-
nalibus et episcopis, cum Ingeburge uxore sua summo
mane ipsis insalutatis recessit. *Ad an.* 1201.

(2) Sedens pro tribunali, nullam invenit causam,
quare divortium fieret... et cum ille super hoc vellet dare
definitivam sententiam contra regem Franciæ : rex Franciæ inde præmunitus, ante sententiæ pronunciationem
abiit, etc. *Eod. anno.*

après , de chagrin , à Poissy. Cependant les deux enfans qu'elle avait eus de Philippe furent légitimés par le Pape, comme étant nés dans la bonne foi d'un mariage présumé légitime. Quant à la reine, elle fut enfermée au château d'Etampes, en proie à toutes sortes de privations. Elle ne recouvra tous ses droits, et ne jouit de sa liberté qu'en 1213, plus de seize ans après sa séparation. Cette réconciliation se fit par l'entremise du chancelier Guérin, que le Pape intéressa fortement en sa faveur.

Quoique Philippe n'eût fait valoir que l'empêchement de parenté, on conjecture avec assez de vraisemblance, qu'il était aussi question de celui d'impuissance. C'est ce qui paraît par les lettres d'Innocent III , qui voulait qu'on entendît les témoins sur le *maléfice*, ce qui ne peut avoir rapport qu'à ce dernier empêchement (1). Si l'on n'insista pas sur cet article, c'est sans doute parce que la preuve en était impossible, la princesse soutenant fortement que leur

(1) *Lib. V, Epist.* 48. — *Gesta Innoc. III*, n° 48.

mariage avait été réellement consommé. Dans
cet état de choses, le Pape lui déclara ouverte-
ment qu'il ne pouvait prendre sur lui de décider
la question du divorce, parce qu'une simple
conjecture, une simple déposition d'une des
parties, contredite par l'autre, ne suffisait pas
pour aller contre la loi de l'institution du mariage, qui défendait aux hommes de séparer ce
que Dieu avait uni, d'autant que la tradition
des Saints Pères et la pratique de l'Eglise n'of-
fraient aucune autorité, aucun exemple capables de justifier une infraction de cette nature.
Le Pontife convenait qu'une pareille décision
de sa part le rendrait coupable devant Dieu,
et le couvrirait d'opprobre aux yeux des hommes ; qu'il n'y avait tout au plus qu'un Concile
général qui pût prononcer une pareille sentence (1).

_____

(1) Non auderemus super hujusmodi casu de nostro
sensu pro te aliquid definire propter illam sententiam
evangelicam, quam ipse Christus expressit : *Quod Deus
conjunxit, homo non separet.* Cum absque dubio nec
sanctorum exempla, nec patrum decreta intentioni tuæ

Cette lettre d'Innocent III renferme deux
erreurs qui prouvent combien on avait alors
des idées peu exactes sur toute la matière du
mariage. Ce Pontife, après avoir établi que le
divorce est formellement condamné par la loi
de l'évangile, suppose qu'un Concile général
aurait pu le permettre dans le cas dont il s'agit,
comme si l'Eglise, conservatrice du droit divin,
pouvait jamais en dispenser. Il suppose en second lieu que l'impuissance causée par un maléfice, comme on le croyait alors, était une
cause suffisante de divorce proprement dite,
quoiqu'Etienne II, dont nous avons rapporté
la décision, en parlant de celui de Charlemagne, n'eût considéré cette cause d'impuissance
que comme accidentelle et temporaire, et qu'il

in hoc articulo suffragentur. Verùm si super hoc absque
generalis deliberatione concilii, determinare aliquid
tentaremus, præter divinam offensam et mundanam in-
famiam, quam ex eò possemus incurrere, forsan ordinis
et officii nobis periculum immineret, cùm contra præ-
missam veritatem nostra non possit autoritas dispen-
sare. *Epist. ad Philipp.-Aug. Lib. XV. Epist.* 106.

n'eût autorisé, en ce cas, qu'une simple séparation *à thoro*, qui devait cesser après que la
cause dont elle provenait n'existerait plus.

Il suit de toute cette discussion, que c'est à
tort qu'on a invoqué l'exemple de Philippe-
Auguste, pour justifier le divorce de Napoléon. Dans ce dernier, il s'agit d'une infécon-
dité qui provenait de l'âge avancé de la femme,
ce qui n'a jamais formé une cause légitime de
divorce. Dans le premier, au contraire, il était
question ou d'un empêchement de parenté exis-
tant avant le mariage, très-propre à le faire déclarer non valablement contracté, si les deux
époux eussent été parens dans les degrés pro-
hibés, ou de celui de stérilité qu'on regardait
alors comme une cause légitime de divorce. Au
surplus, celui de Philippe fut condamné par la
seule autorité qui, à cette époque, se trouvait
en possession de prononcer sur ces sortes de
matières. Celui de Buonaparte, au contraire,
n'a été décidé que par un tribunal que la constitution française avait aboli, et qu'en vertu des
lois canoniques, qui en réservaient la connais-

sance exclusive au Saint-Siége; enfin, la
veuve de Beauharnais n'a jamais cessé de jouir
du titre d'épouse légitime de Buonaparte, au
lieu que la princesse de Méranie est traitée de
concubine par tous les historiens du temps, et
qu'elle se vit obligée d'aller cacher son humi-
liation dans la retraite, où elle mourut de chagrin. Ajoutez que Philippe-Auguste finit par
reprendre Ingeburge, en déclarant qu'il la regardait comme sa légitime épouse. Passons à
l'exemple de Louis XII.

XII. Jeanne de France, fille de Louis XI,
n'avait guère que deux mois lorsqu'elle fut accordée au prince Louis, fils du duc d'Orléans,
qui n'était lui-même âgé que de deux ans. On
a prétendu qu'avant de l'épouser, il avait pro-
testé contre la violence qui lui était faite par le
roi, en présence des notaires et de quelques témoins affidés; mais ce fait ne fut pas clairement
prouvé au procès. Ils vécurent ensemble, comme mari et femme, pendant les règnes de
Louis XI et de Charles VIII, qui comprennent

un espace de vingt-cinq ans, à compter de la
célébration de leur mariage. Ce ne fut qu'à son
avénement au trône en 1498, que Louis XII,
entraîné par son inclination et par des raisons
de politique, se détermina, de l'aveu de son
conseil, à faire dissoudre ce mariage, pour
épouser Anne de Bretagne, qui devait consommer la réunion de ce grand fief à la couronne. Il demanda, en conséquence, des commissaires à Alexandre VI, pour en examiner la
validité. Ce Pape nomma l'évêque de Ceuta,
portugais, et nonce apostolique en France,
Louis d'Amboise, évêque d'Alby, auxquels
fut ensuite joint le cardinal de Luxembourg,
évêque du Mans. Ces commissaires prirent pour
leurs assesseurs Pierre de Belleffor, Robert de
Longue, officiaux de Paris, et Guillaume Fey-
deau, doyen de Gassicourt. L'assemblée se tint
à Tours, d'où une maladie épidémique obligea
ensuite de la transférer à Amboise.

La requête du Roi contenait quatre chefs :
1° qu'il était parent de Jeanne au quatrième degré; 2° que Louis XI l'ayant tenu sur les fonts

de baptême, il y avait entre les deux époux
une affinité spirituelle au second degré, qui formait un empêchement dirimant; 3° que son consentement avait été forcé; 4° que Jeanne était
tellement contrefaite, que les médecins la ju-
geaient incapable d'avoir jamais d'enfans.

Quant aux deux premiers chefs, il est certain
que la parenté au quatrième degré formait alors
un empêchement dirimant, et que l'affinité spirituelle au second degré en formait également
un avant le concile de Trente qui l'a réduite
au premier. Le Pape avait bien donné une dispense pour les deux empêchemens, mais il fut
prouvé que ce bref n'ayait point été signifié et
fulminé selon les formes.

De tous les chefs allégués par Louis XII,
aucun ne parut appuyé sur des preuves plus
fortes et plus étendues que celui de la violence
bien caractérisée de la part du père de la princesse, et le défaut absolu de liberté de la part
du prince. Mais la reine répondait à cela que le
défaut de liberté, à l'époque du mariage, avait
été suffisamment réparé par la libre consomma-

tion du mariage, et par une foule de traits de
la part de Louis XII qui prouvaient qu'il l'avait
toujours regardée comme son épouse légitime;
par exemple que dans tous les lieux où ils s'é-
taient trouvés ensemble, ils n'avaient eu le plus
souvent qu'une même table et un même lit.
Il y avait effectivement des détails sur la manière dont ils avaient vécu, dit le père Berthier,
qui prouvaient jusqu'à l'évidence, qu'il l'avait
toujours traitée en épouse légitime.

La crainte d'encourir la disgrâce d'un prince
aussi vindicatif que l'était Louis XI, avait bien
pu influer sur les égards que le duc d'Orléans
avait montrés pour son épouse, et l'empêcher,
durant ce règne de fer, de réclamer contre son
mariage. Mais ce motif avait dû cesser sous la
minorité de Charles VIII, époque où il se crut
assez puissant pour disputer la régence, où il
harangua fortement dans les assemblées de l'Uni-
versité et du Parlement contre les abus du gou-
vernement, où beaucoup de seigneurs moins
accrédités que lui exposèrent leurs griefs dans
les états-généraux de Tours, et obtinrent une

entière satisfaction. Or il paraît que c'était dans
ce temps-là qu'il avait le mieux vécu avec la
princesse, soit en public, soit en particulier. Il
fut cependant prouvé que sous le règne de
Charles VIII, il avait réellement fait des démarches à Rome pour demander au Pape la dissolution de son mariage; mais que le roi en avait
empêché l'effet.

Le point capital était de savoir si la difformité
de Jeanne la rendait inhabile au mariage, et la
mettait hors d'état de le consommer et d'avoir
des enfants. Elle protesta qu'elle ne reconnaissait en elle aucun empêchement à cet égard.
Le roi de son côté attesta le contraire par serment, soutenant qu'elle avait des défauts cor-
porels qui mettaient un empêchement invin-
cible à la consommation du mariage. Elle ne
voulut jamais se soumettre à la visite des ma-
trônes. Les dépositions étaient à charge et à dé-
charge, de manière à pouvoir se balancer. La
voie des informations ne donnait donc point de
preuves suffisantes pour asseoir un jugement
en forme. Cependant, comme Jeanne était fa-

tiguée et honteuse d'une procédure si longue et si désagréable, elle promit de s'en rapporter, sur cet article, au serment de Louis XII, qui ne fit aucune difficulté de le prêter. Les commissaires rendirent enfin la sentence de divorce, le 17 décembre 1498, après avoir pris l'avis du cardinal Briçonnet, des évêques du Puy, de Chartres, de Coutances, de Castres, du célèbre Seyssel, depuis évêque de Marseille, et de plusieurs docteurs des plus distingués par leur mérite.

Cette sentence portait, que le mariage avait été et était encore nul et de nul effet; que le Roi était libre de se pourvoir ailleurs; que par l'autorité apostolique, ils lui en donnaient la permission autant qu'il était nécessaire. Elle ne spécifie pas quelles furent les raisons qui déterminèrent les juges. Le père Griffet croit que ce furent les faits allégués par le Roi sous serment, qui servirent de fondement à cette sentence. Le père Berthier pense que la meilleure raison était le défaut de formalité dans la ful-

4

mination du bref de dispense, il y joint aussi l'infirmité habituelle de la reine. Car, ajoute-t-il, pour la violence et le défaut de liberté, ce ne fut pas apparemment la partie qui toucha le plus les commissaires. Il y avait sur cela mille bonnes raisons à dire, et la reine en produisit assez dans le cours de cette contestation pour gagner son procès, s'il n'eût paru que cette objection contre son mariage.

Ainsi, soit que le mariage de Louis XII ait été cassé pour cause d'impuissance de Jeanne de France, soit qu'il l'ait été pour celle de double empêchement de parenté et d'affinité, les juges qui prononcèrent la sentence du divorce, supposèrent qu'il avait été non valablement contracté, c'est-à-dire que le lien conjugal n'avait jamais existé. Dès lors, il ne fut porté aucune atteinte au dogme de l'indissolubilité du mariage. Ceux, au contraire, qui prononcèrent sur l'union de Napoléon avec la veuve de Beauharnais, en admirent la validité, et sous ce rapport ils foulèrent aux pieds ce dogme sacré. On ne peut douter d'ailleurs que les commissaires du Pape ne fussent très-compétens, suivant les lois du temps pour rendre une pareille sentence, qualité que n'avait point l'Officialité de Paris, comme on l'a suffisamment prouvé. On voit par là qu'on ne peut faire aucune comparaison entre les motifs qui dictèrent les deux sentences, et par conséquent que le divorce de Louis XII ne saurait être invoqué pour justifier celui de Napoléon. Il ne s'agit plus maintenant que de discuter, en peu de mots, l'argument qu'on a prétendu tirer de l'exemple d'Henri IV.

XIII. Ce fait est beaucoup plus simple que les précédens. Henri IV avait épousé, en 1572, Marguerite de Valois, fille de Henri II et sœur de Charles IX. Leurs humeurs ne sympathisaient point, et leur mariage n'ayant produit aucun enfant, tout concourait à faire présumer que Marguerite était stérile. Henri, dès 1592, avait songé à le faire casser, et à obtenir pour cela le consentement de la princesse. Elle y était assez disposée par elle-même; mais son antipathie pour Gabrielle d'Estrées, qui aspirait à devenir reine de France, lui fit opposer la plus forte résistance au divorce durant la vie de cette maîtresse. Ce motif ayant cessé, par la mort de Gabrielle, la chose paraissait ne plus devoir souffrir de difficulté.

Après son avénement au trône, Henri consulta à ce sujet les princes, les membres de son conseil et ceux du parlement de Paris, qui entrèrent tous dans ses vues, par la crainte de voir le royaume replongé dans les mêmes désordres, dont il était à peine sorti, si le roi mourait sans laisser de successeur légitime. Cette considération purement politique, ne suffisait pas pour faire rompre un mariage qui d'ailleurs aurait été fait suivant toutes les formes civiles et canoniques. Il fallut donc chercher d'autres raisons pour provoquer le divorce. On n'eut pas de peine à en trouver.

Le cardinal d'Ossat et M. de Sillery furent chargés de négocier à Rome. Clément VIII donna les mains à l'exécution de ce projet, sans beaucoup de difficulté. Les principaux moyens de dissolution étaient que Marguerite avait été forcée par son frère et par sa mère à ce mariage auquel elle répugnait extrêmement, et que les deux époux se trouvaient parens au troisième dégré. Le pape, après avoir fait examiner la chose par une congrégation composée de cardinaux et de théologiens, nomma trois commissaires pour aller faire les informations sur les lieux, savoir le cardinal de Joyeuse, le nonce Gaspard-Silingardi, et Horace Delmonte, archevêque d'Arles.

Les deux parties étant parfaitement d'accord sur le fond de l'affaire, les commissaires réunis à l'évêché de Paris, n'eurent plus que les faits allégués à constater. Marguerite affirma par serment qu'elle avait été forcée par son frère Charles IX, et par sa mère Catherine de Médicis, lorsque n'ayant que dix-neuf ans à l'époque du mariage, elle s'était trouvée hors d'état de résister aux menaces qui lui furent faites pour la contraindre. Le fait fut de plus attesté par neuf témoins des plus qualifiés du royaume, qui le fortifièrent par diverses circonstances.

La parenté au troisième degré était certaine: Charles IX avait bien obtenu une dispense de Rome, mais c'était à l'insu des parties, et elle n'avait été ni communiquée dans le temps, ni insinuée, ni fulminée. Ces deux faits étant constatés, les commissaires prononcèrent la sentence de divorce, le 17 décembre 1599. La procédure ayant été renvoyée à Rome, le pape approuva tout ce qui s'était fait, et le roi fut entièrement libre, pour contracter un autre mariage selon les vœux de toute la France qui souhaitait passionnément de lui voir un successeur.

Le divorce d'Henri IV, comme celui de Louis XII, fut prononcé par l'autorité, qui, suivant les lois du temps, était en possession de juger ces sortes d'affaires, circonstance essentielle qui le rend absolument différent de celui de Napoléon. La sentence qui intervint ne fut point fondée, comme dans ce dernier, sur une simple raison d'état et de convenance : elle eut pour motifs trois empêchemens, dont un seul aurait suffi pour le faire déclarer nul, et non valablement contracté. Il fut prouvé au procès d'abord que Marguerite de Valois avait été privée de la liberté nécessaire, pour rendre le contrat valide, ensuite qu'ils étaient parens l'un et l'autre à un degré de consanguinité et d'affinité auquel il était défendu par les lois de former un semblable contrat, et dont ils n'avaient point été légalement dispensés. Ainsi l'indissolubilité du lien conjugal, à laquelle on n'avait eu aucun égard dans le mariage qui fait l'objet de toute cette discussion, fut évidemment respectée dans les divers exemples allégués pour justifier celui de Napoléon Buonaparte.

En résumant tout ce qui a été dit dans cet écrit, il est évident : 1°. qu'il existait un mariage réel entre Napoléon Buonaparte et Joséphine, veuve Beauharnais ; que le décret rendu par le Sénat, a supposé la vérité de ce mariage, et par conséquent que la sentence de divorce qu'il a prononcée, est absolument contraire, soit aux décrets constitutionnels qui défendaient le divorce dans la famille impériale, soit à la loi évangélique ; 2°. que l'Officialité de Paris, intervenue dans cette affaire, était incompétente pour en connaître et pour la juger ; 3°. que les deux exemples invoqués pour justifier cette mesure, ou concourent à la condamner, ou ne lui sont point applicables. De tout cela il faut conclure que malgré la sentence de divorce portée entre Napoléon et Joséphine, leur mariage n'a pas cessé de subsister, et par conséquent que celui qui a été contracté avec Marie-Louise est radicalement nul. Dès lors il ne saurait rester aucun doute sur la bâtardise de l'enfant qui est censé en être provenu. Nous avons déjà fait remarquer que la cour de Vienne paraît en avoir ainsi jugé, puisqu'elle a exclu cet enfant de tout droit de succession à l'égard de la mère vraie ou prétendue.

FIN.

www.ingramcontent.com/pod-product-compliance
Lightning Source LLC
LaVergne TN
LVHW022116080426
835511LV00007B/862